D1725754

W. G. SEBALD

Zerstreute Reminiszenzen
Zur Eröffnung eines Stuttgarter
Hauses.

Ich sehe uns noch in der Vorweihnachtszeit des
neunundvierziger Jahrs in unserer Stube über
dem Engelwirt in Wertach sitzen. Die Schwester ist damals acht, ich selber bin fünf gewesen, und beide hatten wir uns noch nicht recht
an den Vater gewöhnt, der seit seiner Rückkehr
aus der französischen Kriegsgefangenschaft im
Februar 1947 wochentags in der Kreisstadt Sonthofen als Angestellter (wie er sich ausdrückte) beschäftigt und immer nur von Samstag- bis
Sonntagmittag zuhause war. Vor uns auf dem
Stubentisch aufgeschlagen lag der neue Quelle-
katalog, der erste, den ich zu Gesicht bekommen hatte, mit seinem mir märchenhaft erscheinenden Warenangebot, aus dem dann im Verlauf
des Abends und nach längeren Diskussionen, in
denen der Vater seinen Vernunftstandpunkt durchsetzte, für die Kinder je ein paar Kamelhaarhausschuhe mit Blechschnallen ausgesucht wurde.
Reissverschlüsse waren, glaube ich, zu jener
Zeit noch ziemlich rar. Immerhin wurde als Zugabe zu den Kamelhaarhausschuhen ein sogenann-
tes Städtequartett bestellt, mit dem wir dann
die Wintermonate hindurch oft gespielt haben,
sei es, wenn der Vater zuhause war, sei es mit
einem anderen Gast. Hast du Oldenburg, hast
du Wuppertal oder hast du Worms, haben wir etwa gefragt, und an solchen Namen, die ich noch
nie gehört hatte zuvor, habe ich lesen gelernt.
Ich entsinne mich, dass ich mir unter diesen

W. G. Sebald
Zerstreute Reminiszenzen[x]

---

[x] Rückerinnerung

W. G. Sebald

# ZERSTREUTE REMINISZENZEN

*Gedanken zur Eröffnung eines Stuttgarter Hauses*

Herausgegeben von Florian Höllerer

Verlag Ulrich Keicher Warmbronn

# AN ATTEMPT AT RESTITUTION

*A memory of a German city.*

## BY W. G. SEBALD

I can still see us in the days before Christmas, 1949, in our living room above the Engelwirt Inn in Wertach. My sister was eight at the time, I was five, and neither of us had yet really got accustomed to our father, who, since his return from a French P.O.W. camp, in February, 1947, had been employed in the local town of Sonthofen as a manager (as he put it), and was at home only from Saturday to midday on Sunday. In front of us, open on the table, lay the new Quelle mail-order catalogue, the first I had ever seen, containing what seemed to me a fairy-tale assortment of wares, from which it was decided in the course of the evening and after long discussions, in which our father got his sensible way, to order a pair of camel's-hair slippers with metal buckles for each of us children. I think zip fastenings were still quite rare at the time.

But in addition to the camel's-hair slippers we ordered a card game called the Cities Quartet, based on pictures of the cities of Germany, and we often played it during the winter months, either when our father was at home or when there was another visitor to make a fourth. Have you got Oldenburg? we asked. Have you got Wuppertal? Have you got Worms? I learned to read from these names, which I had never heard before. I remember that it was a long time before I could imagine anything about these cities—so different did they sound from the local place names of Kranzegg, Jungholz, and Unterjoch—except the sights shown on the cards in the game: the giant Roland of Bremen; the Porta Nigra, in Trier; Cologne Cathedral; the Crane Gate, in Danzig; the fine houses around a large square in Breslau.

In fact, in the Cities Quartet, as I reconstruct it from memory, Germany was still undivided—at the time, of course, I thought nothing of that—and not only undivided but intact, for the uniformly dark-brown pictures of the cities, which gave me at an early age the idea of a dark fatherland, showed the cities of Germany without exception as they had been before the war: the intricate gables below the citadel of the Nürnberger Burg; the half-timbered houses of Brunswick; the Holsten Gate of the old town in Lübeck; the Zwinger and the Brühl terraces, in Dresden.

The Cities Quartet marked not only the beginning of my career as a reader but the start of my passion for geography, which emerged soon after I began school—a delight in topography which became increasingly compulsive as my life went on and to which I have devoted endless hours bending over atlases and brochures of every kind. Inspired by the Cities Quartet, I soon found Stuttgart on a map. I saw that compared with the other German cities it was not too far from us. But I could not imagine a journey to it, any more than I could think what the city itself might look like, for whenever I thought of Stuttgart all I could see was the picture of Stuttgart Central Station on one of the cards in the game: a bastion of natural stone designed

Ich sehe uns noch in der Vorweihnachtszeit des neunundvierziger Jahrs in unserer Stube über dem Engelwirt in Wertach sitzen. Die Schwester ist damals acht, ich selber bin fünf gewesen, und beide hatten wir uns noch nicht recht an den Vater gewöhnt, der seit seiner Rückkehr aus der französischen Kriegsgefangenschaft im Februar 1947 wochentags in der Kreisstadt Sonthofen als Angestellter (wie er sich ausdrückte) beschäftigt und immer nur von Samstag- bis Sonntagmittag zu Hause war. Vor uns auf dem Stubentisch aufgeschlagen lag der neue Quelle-Katalog, der erste, den ich zu Gesicht bekommen hatte, mit seinem mir märchenhaft erscheinenden Warenangebot, aus dem dann im Verlauf des Abends und nach längeren Diskussionen, in denen der Vater seinen Vernunftstandpunkt durchsetzte, für die Kinder je ein paar Kamelhaarhausschuhe mit Blechschnallen ausgesucht wurde. Reißverschlüsse waren, glaube ich, zu jener Zeit noch ziemlich rar.

Immerhin wurde als Zugabe zu den Kamelhaarhausschuhen ein so genanntes Städtequartett bestellt, mit dem wir dann die Wintermonate hindurch oft gespielt haben, sei es, wenn der Vater zu Hause war, sei es mit einem anderen Gast.

Hast du Oldenburg, hast du Wuppertal oder hast du Speyer, haben wir etwa gefragt, und an solchen Namen, die ich noch nie gehört hatte zuvor, habe ich lesen gelernt. Ich entsinne mich, dass ich mir unter diesen Namen, die so ganz anders waren als Kranzegg, Jungholz und Unterjoch, auch später lang nichts vorstellen konnte als das, was auf den jeweiligen Spielkarten abgebildet war, also zum Beispiel Roland der Riese, die Porta Nigra, der Kölner Dom, das Krantor von Danzig oder die schönen Bürgerhäuser rings um einen Hauptplatz in Breslau.

Tatsächlich war in dem Städtequartett, wie aus meiner aus der Erinnerung geholten Aufstellung erhellt und worüber ich mir seinerzeit naturgemäß keine Gedanken machte, Deutschland noch ungeteilt, und nicht nur ungeteilt ist es gewesen, sondern auch unzerstört, denn die gleichmäßig dunkelbraunen Kartenbilder, die früh in mir die Idee erweckten von einem finsteren Vaterland, diese Bilder zeigten die deutschen Städte ausnahmslos so, wie sie vor dem Krieg gewesen waren: das

6

V/1 Neckarland   V/2 Neckarland   V/3 Neckarland   V/4 Neckarland

Alte N... / Berühmte Universitätsstadt Neckar gelegen. Bekannt ... kriegerische Ereignisse ... fürsten von der Pfalz. Sitz ... Medizin und Forschung.

**Tübingen — Rot...**

Tübi... / Tübingen, die alte Universitätsstadt ... denen das Rathaus aus dem 15. Jh. der gotischen Beschaulichkeit ... hier ab weitet sich das enge Flußtal

**Heidelberg — Rothenbu...**

Rothenburg ob der ... / Wenige Städte haben das Bild mittelalten erhalten wie Rothenburg, der an Rand d Taubertal liegt und in Festspielen das An im 30jährigen Krieg und die Errettung d lebendig bewahrt.

**Heidelberg — Tübingen ·**

Stuttgart, Hauptbahnhof / Zahlreiche Industrieunternehmen machen Stuttgart zum Wirtschafts- und Verkehrszentrum des Schwäbischen Stufenlandes. So ist die Haupt- stadt, die sich inmitten waldreicher Höhen durch schöne Lage aus- zeichnet, zugleich die einzige Großstadt Württembergs. Der moderne Bahnhof wurde 1927 vollendet.

**Heidelberg — Tübingen — Rothenburg/Tauber**

verwinkelte Giebelwerk unter der Nürnberger Burg, die Fach-
werkhäuser von Braunschweig, das Holstentor vor der Lübe-
cker Altstadt, den Zwinger und die Brühlschen Terrassen.
Das Städtequartett stand aber nicht nur am Anfang meiner Laufbahn als Leser, sondern auch am Anfang der in mir
bald nach meiner Einschulung zum Ausbruch gekommenen
Erdkundemanie, eines in meiner weiteren Lebensentwicklung
stets zwanghafter werdenden Topographismus, dem ich,
über Atlanten und Faltblätter jeder Art gebeugt, endlose
Stunden geopfert habe. Auch Stuttgart habe ich, inspiriert
von dem Städtequartett, bald auf der Karte gesucht. Ich sah,
dass es, verglichen mit den anderen deutschen Städten, nicht
allzu weit entfernt war von uns. Aber was es für eine Reise
dorthin wäre, das konnte ich mir nicht ausmalen, ebenso
wenig wie es ausschauen mochte in dieser Stadt, denn jedesmal, wenn ich an Stuttgart dachte, sah ich bloß den auf einer
der Spielkarten abgebildeten Stuttgarter Hauptbahnhof, jene
von dem Baumeister Paul Bonatz, wie ich später erfuhr, vor

7

dem Ersten Weltkrieg entworfene und bald darauf fertiggestellte Natursteinbastion, die in ihrem kantigen Brutalismus einiges schon vorwegnahm von dem, was später noch kommen sollte, vielleicht sogar, wenn ein derart absurder Gedankensprung erlaubt ist, die paar Zeilen, die ein, der ungelenken Schrift nach zu schließen, ungefähr fünfzehnjähriges englisches Schulmädchen von einem Ferienaufenthalt in Stuttgart an eine Mrs. J. Winn in Saltburn in der Grafschaft Yorkshire geschrieben hat auf der Rückseite einer Ansichtskarte, die mir Ende der sechziger Jahre in einem Brockenhaus der Heilsarmee in Manchester in die Hände gefallen ist und die, neben drei anderen Stuttgarter Hochbauten, den Bonatz-Bahnhof zeigt, seltsamerweise in genau der gleichen Perspektive, wie er dargestellt gewesen ist in unserem längst verloren gegangenen deutschen Städtequartett.

Betty, so hieß das in Stuttgart den Sommer verbringende Mädchen, schreibt unter dem Datum des 10. August 1939, also knapp drei Wochen vor dem so genannten Ausbruch des Zweiten Weltkriegs – mein Vater lag zu diesem Zeitpunkt bereits mit seinem Kfz-Zug vor der polnischen Grenze in der Slowakei –, Betty schreibt, dass die Leute in Stuttgart sehr freundlich seien, that she had been out tramping, sunbathing and sightseeing, to a German birthday party, to the pictures and to a festival of the Hitler Youth.

Als ich diese Karte, sowohl des Bahnhofsbilds als auch der rückseitigen Botschaft wegen, auf einer meiner langen Stadtwanderungen durch Manchester erstand, war ich selber noch nie in Stuttgart gewesen. Man ist ja, als ich in der Nachkriegszeit im Allgäu am Heranwachsen war, nicht weit

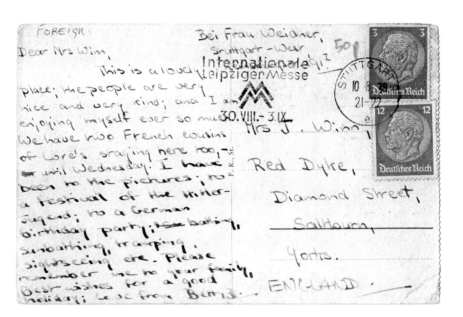

FOREIGN.

Dear Mrs Winn,

     This is a lovely place; the people are very nice and very kind; and I am enjoying myself ever so much. We have two French cousins of Lore's staying here too, until Wednesday. I have been to the pictures; to a festival of the Hitler-Jugend; to a German birthday party; bathing, sunbathing, tramping, sightseeing etc. Please remember me to your family. Our best wishes for a good holiday. Love from Betty.

Bei Frau Weidner,
Stuttgart - West

Internationale
Leipziger Messe

30.VIII. - 3.IX.

Mrs J. Winn,

Red Dyke,
Diamond Street,
Saltburn,
Yorks.
ENGLAND.

Hochbauten
in Stuttgart

9

herumgekommen, und wenn man, im angehenden Wirtschaftswunder, doch ab und zu einen Ausflug machte, so ist man mit dem Omnibus nach Tirol gefahren, nach Vorarlberg oder höchstenfalls in die innere Schweiz. Für Exkursionen nach Stuttgart oder in andere der immer noch schandbar ausschauenden Städte gab es keinen Bedarf, und so kam es, dass mir mein Vaterland, bis ich es mit einundzwanzig Jahren verließ, ein weit gehend unbekanntes, irgendwie abgelegenes und nicht ganz geheures Territorium geblieben ist.

Man schrieb schon den Monat Mai 1976, als ich zum erstenmal an dem Bonatz-Bahnhof ausgestiegen bin, weil ich von jemandem gehört hatte, dass der Maler Jan Peter Tripp, mit dem ich in Oberstdorf in der Schule gewesen bin, jetzt in der Stuttgarter Reinsburgstraße wohnte. Meinen Besuch bei

10

ihm habe ich als denkwürdig in Erinnerung behalten, weil mich mit
der Bewunderung, die ich für die
Arbeit Tripps sogleich empfand,
der Gedanke streifte, dass ich auch
gern einmal etwas anderes tun
würde als Vorlesungen zu halten
und Seminare. Tripp hat mir damals einen von ihm gefertigten
Stich als Geschenk mitgegeben,
und auf diesen Stich, auf dem der
kopfkranke Senatspräsident Daniel
Paul Schreber zu sehen ist mit einer

Spinne in seinem Schädel – was gibt es Furchtbareres als die in uns immerfort wuselnden Gedanken? – auf diesen Stich geht vieles von dem, was ich später geschrieben habe, zurück, auch in der Art des Verfahrens, im Einhalten einer genauen historischen Perspektive, im geduldigen Gravieren und in der Vernetzung, nach der Manier einer nature morte, anscheinend weit auseinander liegender Dinge.

Immerfort frage ich mich seither, was sind das für unsichtbare Beziehungen, die unser Leben bestimmen, wie verlaufen die Fäden, was verbindet zum Beispiel meinen Besuch in der Reinsburgstraße mit der Tatsache, dass dort, in den

# Zusammenstoß zwischen Polizisten und Verschleppten

## Schwere Auseinandersetzungen in der Reinsburgstraße — Ein Todesopfer

(Eigener Bericht der „Stuttgarter Zeitung")

In einer schweren Auseinandersetzung, die sich am Freitagmorgen zwischen deutscher Polizei und den in der Reinsburgstraße in Stuttgart wohnenden verschleppten Personen entwickelte, wurde ein Pole namens Zsmulek Danziger durch einen Kopfschuß getötet und mehrere andere verschleppte Personen und auch deutsche Polizeibeamte verletzt.

Von der deutschen Polizei in Stuttgart wurde am Freitagmorgen um 6.15 Uhr die obere Reinsburgstraße, in der verschleppte Personen polnischer Nationalität in einem geschlossenen Wohnblock untergebracht sind, an ihren Zugängen abgeriegelt. Das Polizeiaufgebot von 136 uniformierten Beamten und etwa 80 Kriminalbeamten besetzte die Hauseingänge. Die Aktion wurde durch neun Soldaten der amerikanischen Militärpolizei unterstützt.

Kurz vor 7 Uhr kam es an verschiedenen Stellen in der oberen Reinsburgstraße, noch bevor die Hausdurchsuchungen beginnen konnten, zu Widersetzlichkeiten gegen die Anordnungen der Polizeibeamten. Als ein deutscher Polizeibeamter drei Einwohner abführte, wurde er von herbeieilenden verschleppten Personen umringt. Die vorläufig Festgenommenen wurden befreit, und andere Polizeibeamte, die ihrem bedrängten Kameraden zu Hilfe eilen wollten, wurden ebenfalls angegriffen, niedergerissen und teilweise entwaffnet.

Die deutsche Polizei zog sich zunächst zurück, um möglichst einen Tumult und schwere Zusammenstöße zu vermeiden. Sie wurde aber von den nachdrängenden und jetzt aus beinahe allen Häusern hinzukommenden Personen angegriffen. Gegen 7 Uhr wurden leere Benzinkanister, Milchkannen, Steine und Eisenteile gegen die Beamten geworfen, die sich nach der Straßenkreuzung Rotenwald-, Obere Reinsburgstraße zurückgezogen hatten. Kurz nach 7 Uhr sollen nach polizeilicher Angabe die ersten Schüsse aus einem Eckhaus gefallen sein, die nun von den deutschen Polizei erwidert wurden. Da die Angriffe sich jetzt steigerten, wurde von der Polizei auch gegen die sie angreifenden Personen geschossen, wobei Zsumlek Danziger durch einen Kopfschuß getötet wurde. Danziger ist, den Aussagen der Mitbewohner nach, ein Pole, der gerade vor einigen Tagen aus Paris zurückgekehrt war und in der Reinsburgstraße in Stuttgart seine Frau und seine Kinder besuchte. Die Schießerei dauerte etwa zehn Minuten. Nach dieser Zeit hatten sich wiederum zahlreiche verschleppte Personen an der Straßenecke Rotenwald-, Obere Reinsburgstraße angesammelt.

Die Militärpolizei holte Verstärkung herbei. Um 7.35 Uhr traf ein Panzerspähwagen und eine weitere Anzahl amerikanischer Militärpolizisten in der abgeriegelten Straße ein. Deutsche Polizeibeamte, die sich kurz vor 8 Uhr aus der Oberen Reinsburgstraße unter Begleitung amerikanischer Militärpolizei zurückgezogen, wurden aus Häusern mit Flaschen und Haushaltungsgeräten beworfen. Um 8.25 Uhr erteilte die Militärpolizei den deutschen Polizisten die Weisung, sich zurückzuziehen.                wis

Jahren unmittelbar nach dem Krieg, ein Lager für so genannte Displaced Persons bestand, in welchem am 29. März 1946 von etwa hundertachtzig Stuttgarter Polizisten eine Razzia durchgeführt wurde, bei der, obschon sie nichts aufdeckte als einen Schwarzhandel mit ein paar Hühnereiern, mehrere Schüsse fielen und einer der Lagerbewohner, der eben erst seine Frau und seine beiden Kinder wiedergefunden hatte, ums Leben kam.

Der Oberbürgermeister

Hu/D.

To the
Military Government -City-
S t u t t g a r t

No.414/46

Activity report of the City
Administration for the period
from March 25 to March 30,1946

Police

Or March 29, 1946 at 06.00 hours a
great raid was started with the autho-
rization of Military Government ag-
ainst the quarter of the superior
Reinsburgstr. inhabited by Polish Jews,
because it has come to our knowledge
that there is in this building block
a center of black marketeering. A
great number of protection police -
and criminal policemen were present,
with the participation of the Ameri-
can military police. After a calm
start of the action a sudden organi-
zed resistance of the inhabitants
made impossible to carry on the ope-
ration. The German police was attacked
numerous policemen got blows with the
fist.

fist into the face and kicks. More-
over they were bombarded with all
sort of objects as milk pots, gaso-
line canisters, flower pots etc. The
policemen did not defend themselves
but allowed to be pushed away and
retired step by step under steady
assaults from the part of the Poles
to the place of appointment at the
park near Rotenwaldstrasse to pre-

Stuttgart, den 1.April 1946.

An die
Militärregierung -Stadt-
S t u t t g a r t

Nr. 414/46

Tätigkeitsbericht der Stadtverwaltung
für die Zeit vom 25.-30.3.1946

Polizei

Am 29.3.1946 um 6 Uhr wurde in dem von
polnischen Juden bewohnten Viertel der
Oberen Reinsburgstrasse mit Genehmigung
der Militärregierung eine Grossrazzia
eingeleitet, da bekannt wurde, dass sich
in diesem Häuserblock eine Zentrale des
Schleich- und Schwarzhandels befindet.
Ein grosses Aufgebot von Schutz- und Kri-
minal-Polizeibeamten unter Teilnahme
amerikanischer Militärpolizei war zur
Stelle. Nachdem die Aktion ruhig angelau-
fen war, wurde durch plötzlich organi-
sierten Widerstand der Bewohner eine
Weiterführung der Razzia unmöglich. Die
deutsche Polizei wurde tätlich angegriffen, zahlreiche Polizeibeamte erhielten
Faustschläge ins Gesicht und Fusstritte

und wurden ausserdem aus den Häusern
mit Gegenständen wie Milchkannen, Benzi
kanistern, Blumentöpfen usw. beworfen.
Die Polizeibeamten setzten sich nicht
zur Wehr, liessen sich vielmehr abdrän-
gen und zogen sich schrittweise unter
ständigen weiteren tätlichen Angriffen
vonseiten der Polen auf den Sammelpunkt
an der Anlage bei der Rotenwaldstrasse
zurück, um ein Blutvergiessen zu verhei-
den. Erst nachdem aus den Häusern Schüs

vent bloodshed. Only after shots out of the houses, the Police took up arms, whereat in the course of the shooting a Pole was killed. Several policemen were wounded. The Military Police detail, being present during the whole proceedings, but not actually intervening and holding in the background, drove off in a whole when the first shots were heard, probably to get reinforcement.

After the arrival of a greater number of Military Police the inhabitants were directed to enter their houses and the German police was ordered to move off.

By his situation uneasiness and anxiety of the German population especially in the neighborhood of the Obere Reinsburgstrasse has increased. Hitherto already, particularly these inhabitants have been always exposed to violences, assaults, burglaries, etc. But after the undisguised threatenings of the Poles menacing the German with reprisals, it is badly wanted to remedy this situation. The German population after these incidents places no veritable reliance on the police and does not feel in security, expecting further excesses from the part of the Poles.

Du.

fielen, griff die Polizei zur Waffe, wo bei dann im Verlauf einer Schiesserei ein Pole getötet wurde. Mehrere Polizei beamte wurden verletzt. Die Militärpolizei, die während der ganzen Vorgänge zu gegen war, jedoch nicht aktiv eingegriffen und sich im Hintergrund gehalten hatte, fuhr beim Fallen der ersten Schüsse geschlossen ab, anscheinend um Verstärkung heranzuholen.

Nach Eintreffen einer grösseren Anzahl Militärpolizei wurden die Bewohner in ihre Häuser gewiesen und der deutschen Polizei Anweisung gegeben, abzurücken.

Durch diese Situation ist die Unruhe und Angst der deutschen Bevölkerung insbesondere in der Umgebung der Oberen Reinsburgstrasse gestiegen. Bisher schon waren insbesondere diese Bewohner immer G walttätigkeiten, Misshandlungen, Einbruchdiebstählen usw. ausgesetzt. Nachdem nun aber die Polen offene Drohungen gegen die deutsche Bevölkerung mit Ankündigung von Repressalien ausgerufen haben, ist es dringend geboten, dass Abhilfe geschaffen wird. Die deutsche Bevölkerung hat nach diesen Ereignissen kein rechtes Zutrauen in den Wert der Polizei und fühlt sich nicht mehr sicher, da sie mit weiteren Ausschreitungen sei-

---

The German population of the City of Stuttgart desires and hopes that the present inhabitants of Obere Reinsburgstrasse will be removed without delay, so as to guarantee public safety and to reestablish order and peace.

tens der Polen rechnet. Die deutsche Bevölkerung der Stadt wünscht und hofft, dass zur Erhaltung der öffentlichen Sicherheit und Einkehr von Ruhe und Frieden die derzeitigen Bewohner der Oberen Reinsburgstrasse sofort abtransportiert werden.

15

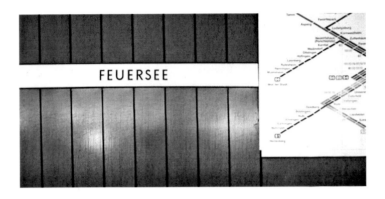

Warum bringe ich solche Episoden nicht aus dem Sinn? Warum denke ich, wenn ich mit der S-Bahn gegen die Stuttgarter Stadtmitte fahre, an der Station Feuersee jedesmal, dass es über uns noch brennt und dass wir seit der Schreckenszeit der letzten Kriegsjahre in einer Art Untergrund wohnen, obwohl wir doch alles so wunderbar wieder aufgebaut haben ringsherum? Weshalb erschien dem Reisenden in einer Winternacht, in der er über Möhringen kommend aus dem Fond eines Taxis zum erstenmal die neue Verwaltungsstadt des Daimlerkonzerns erblickte, das in der Dunkelheit glitzernde Lichternetz wie ein Sternenfeld, das sich aussät über die ganze Erde, sodass man diese Stuttgarter Sterne nicht nur in den Städten Europas sehen kann und auf den Boulevards von Beverly Hills und Buenos Aires, sondern auch überall dort, wo sich, in den Zonen der immer irgendwo um sich greifenden Verheerung, im Sudan, im Kosovo, in Eritrea oder in Afghanistan, die offenbar nie abreißenden Kolonnen von Lastwagen mit ihrer Flüchtlingsfracht über die staubigen Straßen bewegen.

Und wie weit ist es von dem Punkt, auf dem wir uns heute befinden, bis zurück in das ausgehende 18. Jahrhundert, als die Hoffnung auf eine Verbesserung des Menschengeschlechts, auf seine Belehrbarkeit, in schön geschwungenen Lettern noch an unseren philosophischen Himmel geschrieben stand? Eingebettet in überbuschte Hänge und Rebhügel, ist Stuttgart damals ein Städtchen von etwa zwanzigtausend Seelen gewesen, von denen einige, wie ich irgendwo einmal gelesen habe, in den oberen Stockwerken der Türme der Stifts- oder Kollegienkirche sich eine Wohnung gemacht hatten mit schöner Aussicht. Einer der Landessöhne, Friedrich Hölderlin, nennt dieses kleine, kaum noch erwachte

5

Aber indes wir schaun und die mächtige Freude
                                    durchwandeln,
Fliehet der Weg und der Tag uns, wie den Trunkenen, hin.
Denn mit heiligem Laub umkränzt erhebet die Stadt schon,
    Die gepriesene, dort leuchtend ihr priesterlich Haupt.
Herrlich steht sie und hält den Rebenstab und die Tanne
    Hoch in die seligen purpurnen Wolken empor.
Sei uns hold! dem Gast und dem Sohn, o Fürstin der Heimat!
    Glückliches Stuttgart, nimm freundlich den Fremdling
                                    mir auf!
Immer hast du Gesang mit Flöten und Saiten gebilligt,
    Wie ich glaub, und des Lieds kindlich Geschwätz
                                    und der Mühn
Süße Vergessenheit bei gegenwärtigem Geiste,
    Drum erfreuest du auch gerne den Sängern das Herz.
Aber ihr, ihr Größeren auch, ihr Frohen, die allzeit
    Leben und walten, erkannt, oder gewaltiger auch,
Wenn ihr wirket und schafft in heiliger Nacht
                                    und allein herrscht
Und allmächtig empor ziehet ein ahnendes Volk,
Bis die Jünglinge sich der Väter droben erinnern,
    Mündig und hell vor euch steht der besonnene Mensch –

Stuttgart, wo das Vieh am Morgen früh an den schwarzen
Marmorbrunnen auf dem Marktplatz zur Tränke getrieben
wurde, stolz die Fürstin der Heimat, und bittet sie, als ahnte
er bereits die bevorstehende dunklere Wendung in der Geschichte und in seinem eigenen Leben: Nimm freundlich den
Fremdling mir auf.

Zug um Zug entfaltet sich dann eine von der Gewalt
geprägte Epoche und mit ihr verstrickt sein persönliches Unglück. Ein ungeheures Schauspiel, schreibt Hölderlin, ge-
währen die Riesenschritte der Revolution. Die französischen

19

Heere brechen in Deutschland ein. Die Sambre-Maas-Armee rückt gegen Frankfurt vor. Nach schwerem Bombardement herrscht dort die größte Verwirrung. Hölderlin ist mit dem gontardschen Haushalt über Fulda nach Kassel geflohen. Immer mehr wird er bei seiner Rückkehr hin- und hergerissen, zwischen den Wunschfantasien und der realen Unmöglichkeit seiner gegen die Klassentrennung verstoßenden Liebe. Zwar sitzt er ganze Tage hindurch mit Susette in dem Gartenkabinett oder in der Laube, empfindet aber nur umso drückender das Demütigende seiner Stellung. Und also muss er wieder hinaus. Wie viele Fußreisen hat er nicht schon gemacht in seinem bis dahin kaum dreißigjährigen Leben, im Rhöngebirge, im Harz, auf den Knochenberg, nach Halle und Leipzig, und jetzt, nach dem Frankfurter Fiasko, wieder nach Nürtingen und Stuttgart zurück?

Bald darauf neuer Aufbruch nach Hauptwil, in die Schweiz, von Freunden begleitet durch den winterlichen Schönbuch bis Tübingen, allein dann die raue Alb hinauf und hinab auf der anderen Seite, auf der einsamen Hochstraße nach Sigmaringen. Zwölf Stunden bis von dort an den See. Stille Fahrt, über das Wasser. Im darauf folgenden Jahr, nach einer kurzen Zeit bei den Seinen, wieder unterwegs über Colmar, Isenheim, Belfort, Besançon und Lyon, west- und südwestwärts, mitten im Januar durch die Niederungen der oberen Loire, über die tief verschneiten, gefürchteten Höhen der Auvergne, durch Sturm und Wildnis, bis er zuletzt anlangt in Bordeaux. Sie werden hier glücklich sein, sagt ihm bei seiner Ankunft der Konsul Meyer, doch sechs Monate später ist er, erschöpft, verstört, mit flackerndem

Kolmar, Isenheim und Belfort nach Besançon, von da längs Doubs und Saône über Dôle, Châlon und Mâcon.

Aufenthalt in Lyon, behördlich auf vier Tage beschränkt. Registrierung im Paßkontrollbuch mit genauer Personalbeschreibung, wobei Hölderlin als Beruf »homme de lettres« nennt. Wohnung im Hôtel du Commerce in der rue St. Dominique. Am 9. erste Nachricht an die Mutter. Die große Industrie- und Handelsstadt empfindet der Ankömmling *so lebhaft, daß man nur in innigem Angedenken an solche, die uns kennen und wohl auch gut sind, sich selber wiederfindet.* Weiterreise nach Bordeaux, gegen 600 km, vermutlich großenteils zu Fuß auf den Poststraßen: von Lyon westwärts über die Berge des Beaujolais und die Niederung der oberen Loire nach dem alten Clermont am Nordhang der Auvergne. Von da drei Möglichkeiten; am ... scheinlich: zunächst durch die Monts Dômes: *auf den gefürch... überschneiten Höhen der Auvergne, in Sturm und Wildnis, in eiskalter Nacht und die geladene Pistole neben mir im rauhen Bette.* Dann über Ussel und Tulle nach Périgueux an der Isle, deren ...al nach Südwesten und somit den warmen atlantischen Winden ...offen. Ihm entlang – *diese letzten Tage ... schon in Einem schönen Frühlinge* wandernd – nach Libourne, dem Fährplatz an der Dordogne auf dem Wege nach Bordeaux.

Am Morgen Ankunft in dem klassizistisch eleganten Haus des Konsuls Meyer in den Allées de Tourny. Einige Stunden danach summarischer Bericht nach Hause *von der überstandenen Reise, auf der* er so *viel erfahren, daß er kaum noch reden kann davon. Jhr Ergebnis, zugleich wohl Lebensresultat: Ich bin nun durch und durch gehärtet und geweiht ... Nichts fürchten und sich viel gefallen lassen.*

Auge und wie ein Bettler gekleidet wieder in Stuttgart retour. Nimm freundlich den Fremdling mir auf.

Was war es, das ihm widerfuhr? Fehlte ihm seine Liebe, konnte er die gesellschaftliche Zurücksetzung nicht verwinden, oder hat er am Ende in seinem Unglück zu vieles vorausgesehen? Wusste er, dass sich das Vaterland abkehren würde von seiner friedfertigen, schönen Vision, dass man seinesgleichen bald überwachen und einsperren würde und es keinen Ort für ihn gab außer dem Turm. A quoi bon la littérature? ⟶

Einzig vielleicht dazu, dass wir uns erinnern und dass
wir begreifen lernen, dass es sonderbare, von keiner Kausal-
logik zu ergründende Zusammenhänge gibt, beispielsweise
zwischen der ehemaligen Residenz- und späteren Industrie-
stadt Stuttgart und der über sieben Hügel sich ausdehnenden
französischen Stadt Tulle – elle a des prétentions, cette ville,
schrieb mir eine dort lebende Dame vor einiger Zeit – zwischen Stuttgart also und Tulle, in der Corrèze, durch die
Hölderlin auf seinem Weg nach Bordeaux gekommen ist und
wo am 9. Juni 1944, gerade drei Wochen nachdem ich im
Seefelder-Haus in Wertach das so genannte Licht der Welt
erblickte, und fast auf den Tag genau einhundert Jahre und

eines nach Hölderlins Tod die gesamte männliche Bevölkerung der Stadt auf dem Areal einer Waffenfabrik zusammengetrieben wurde von der zu einer Vergeltungsaktion ausgerückten SS-Division »Das Reich«. Neunundneunzig von ihnen, Männer jeglichen Alters, wurden im Verlauf dieses schwarzen Tages, der das Bewusstsein der Stadt Tulle bis heute verdüstert, aufgehängt an den Straßenlaternen und Balkongeländern des Quartiers Souilhac. Die übrigen deportierte

Twice, she said, he had had to push aside the bodies hanging from their own balcony in order to enter the front door; twice, she informed me, his face had gone all white.

On the morning of the Ninth of June, Mme. Vaux saw a woman running up her street, crying and gesticulating.

Danken möcht ich, aber wofür? verzehret das Letzte
Selbst die Erinnerung nicht? nimmt von der Lippe denn nicht
Bessere Rede mir der Schmerz, und lähmet ein Fluch nicht
Mir die Sehnen und wirft, wo ich beginne, mich weg?
Daß ich fühllos sitze den Tag und stumm, wie die Kinder,
Nur vom Auge mir kalt öfters die Tropfe noch schleicht,
Und in schaudernder Brust die allerwärmende Sonne
Kühl und fruchtlos mir dämmert, wie Strahlen der Nacht,
Sonst mir anders bekannt! O Jugend! und bringen Gebete
Dich nicht wieder, dich nie? führet kein Pfad mich zurück?
Soll es werden auch mir, wie den Tausenden, die in den Tagen
Ihres Frühlings doch auch ahndend und liebend gelebt,
Aber am trunkenen Tag von den rächenden Parzen ergriffen,
Ohne Klag und Gesang heimlich hinuntergeführt,
Dort im allzunüchternen Reich, dort büßen im Dunkeln,
Wo bei trügrischem Schein irres Gewimmel sich treibt,

Wo die langsame Zeit bei Frost und Dürre sie zählen,
Nur in Seufzern der Mensch noch die Unsterblichen preist?

man in Zwangsarbeits- und Vernichtungslager, nach Natz-
weiler, Flossenbürg und Mauthausen, wo viele in den Stein-
brüchen zu Tode geschunden worden sind.

Wozu also Literatur? Soll es werden auch mir, fragte Hölderlin sich, wie den tausenden, die in den Tagen ihres Frühlings doch auch ahnend und liebend gelebt, aber am trunkenen Tag von den rächenden Parzen ergriffen, ohne Klang und
Gesang heimlich hinuntergeführt, dort im allzu nüchternen
Reich, dort büßen im Dunkeln, wo bei trügrischem Schein
irres Gewimmel sich treibt, wo die langsame Zeit bei Frost
und Dürre sie zählen, nur in Seufzern der Mensch noch die
Unsterblichen preist?

Der synoptische Blick, der in diesen Zeilen über die
Grenze des Todes schweift, ist verschattet und illuminiert

24

× *Übersicht*

doch zugleich das Andenken derer, denen das größte Unrecht widerfuhr. Es gibt viele Formen des Schreibens; einzig aber in der literarischen geht es, über die Registrierung der Tatsachen und über die bloße Wissenschaft hinaus, um einen Versuch der Restitution. Ein Haus, das sich in den Dienst einer solchen Aufgabe stellt, ist auch in Stuttgart nicht fehl am Platz, und ich wünsche ihm und der Stadt, die es beherbergt, eine gute Zukunft.

```
denen das grösste Unrecht widerfuhr. Es gibt
viele Formen des Schreibens; einzig aber in der
literarischen      geht es, über die Registrie-
rung der Tatsachen und über die Wissenschaft
hinaus, um einen Versuch der Restitution. Ein
Haus, das sich in den Dienst einer solchen Auf-
gabe stellt, ist auch in Stuttgart nicht fehl
am Platz, und ich wünsche ihm und der Stadt,
die es beherbergt, eine gute Zukunft.
```

## Nachbemerkung

Am Abend des 17. November 2001 hielt W. G. Sebald in der Alten Reithalle vor 800 Gästen seine Rede zur Eröffnung des Stuttgarter Literaturhauses. Tags darauf, Sonntag, 11 Uhr, las Sebald im Literaturhaus aus seinem Roman *Austerlitz* und sprach mit Sigrid Löffler. Vorab hatte er die Rede mit handschriftlichen Korrekturen an die Stuttgarter Zeitung geschickt, wo sie, illustriert mit der Stuttgart-Postkarte von 1939, am 19. November erschien. Nur in dieser Fassung findet sich der Titel *Zerstreute Reminiszenzen. Gedanken zur Eröffnung eines Stuttgarter Hauses.* Für den mündlichen Vortrag versah Sebald den Ausdruck mit einigen zusätzlichen Korrekturen. Die Seiten sind Teil des W. G. Sebald-Nachlasses im Deutschen Literaturarchiv Marbach. Für diese Veröffentlichung wurden, zum ersten Mal, auch die letzten Änderungen berücksichtigt.

Am 14. Dezember 2001 starb W. G. Sebald bei einem Autounfall in der Nähe von Norwich. 2003 wurde die Eröffnungsrede in die Sammlung nachgelassener Sebald-Schriften *Campo Santo* (Carl Hanser Verlag) aufgenommen. Überdies erschien sie im Essayband *Betrifft:* (Suhrkamp Verlag 2004), in *Der Schwabenspiegel* (Heft 6/6 – 2007) sowie auf Englisch in der Zeitschrift *The New Yorker* (Dez. 2004, 20&27). Das vorliegende Heft geht zurück auf die Ausstellung des Literaturhauses Stuttgart *W. G. Sebald – Zerstreute Reminiszenzen,* die Sebalds Redetext mit Bildern und Dokumenten verbindet.

Die Gestaltung der Ausstellung wurde maßgeblich unterstützt von Justine Landat und Jan Peter Tripp, die Publikation von Ulrich Keicher besorgt. Was die zusammengesuchten Ausstellungsstücke angeht, danke ich besonders Ulrich von Bülow vom Deutschen Literaturarchiv Marbach, Roland Müller vom Stadtarchiv Stuttgart, Jan Peter Tripp, Hugo Näger, Wilhelm Geierstanger, Rainer Galaske sowie Stephanie Hofmann vom Literaturhaus und unserer Praktikantin Sina Mayer. Dank für die finanzielle Unterstützung geht an die Stiftungen Landesbank Baden-Württemberg. Eröffnet wurde die Ausstellung am 22. September 2008 von Daniel Kehlmann und Mark M. Anderson, die in der Alten Reithalle ein Gespräch über W.G. Sebald führten. Anfang nächsten Jahres wandert die Ausstellung von Stuttgart in das Internationale Literaturhaus Brüssel *Passa Porta*.

F. H.

## Anmerkungen zu den Abbildungen

Umschlag Vorderseite:
Literaturhaus Stuttgart mit Ankündigung der Ausstellungseröffnung
am 22. September 2008 mit Daniel Kehlmann und Mark M. Anderson.
© die arge lola.

Vorsatzblatt vorne:
Erste Seite der Rede mit dem handschriftlich eingefügten Titel, so, wie
W.G. Sebald sie vorab an die Stuttgarter Zeitung schickte. Literatur-
haus Stuttgart.

Frontispiz:
W.G. Sebald im Literaturhaus Stuttgart am Vormittag des 18. November 2001. © Heiner Wittmann.

S. 4:    Erste Seite (mit Sebalds Familienfoto) des Abdrucks in der
Zeitschrift *The New Yorker* (2004/Dezember 20 & 27).

S. 5:    *Quelle Sonderzug*, angeboten in der zu Weihnachten 1949
erschienenen Ausgabe des Quelle-Katalogs (*Neueste Quelle Nachrich-
ten*). Aus: Theo Reubel-Ciani: *Der Katalog. Konsumkultur, Zeitgeist
und Zeitgeschichte im Spiegel der Quelle-Kataloge 1927-1991.
Dokumentation zum 80.Geburtstag von Frau Grete Schickedanz.*
Fürth 20. Oktober 1991, S. 154.

S. 6/7: Deutschland-Quartett aus der Zeit. Dank an Sina Mayer.

S. 9:    Die Postkarte ist Teil des W.G. Sebald-Nachlasses im Deutschen Literaturarchiv Marbach.

S. 10:   *Der Wecker*, Schülerzeitschrift der Oberstdorfer Oberreal-
schule. Ausgabe 1/1961. ›Chefredaktion: Rainer Galaske und Winfried
Sebald‹. Titelgraphik von Jan Peter Tripp, im Stil des Vaters, Franz
Josef Tripp. Dank an Wilhelm Geierstanger und Rainer Galaske.

S. 10:   Jan Peter Tripp: *Hinter der Fassade fängt das Leben erst an.*
1983, Acryl auf Leinwand / Holz, 140 x 110 cm. Zu sehen ist das
Haus Reinsburgstraße 53 A, in dem Jan Peter Tripp und der Buchhänd-
ler Wendelin Niedlich 1976 wohnten. Das beleuchtete Fenster gehört
zu Jan Peter Tripps Atelier-Zimmer, in dem W.G. Sebald auch die
Schreber-Radierung sah.

28

S. 11: Jan Peter Tripp: *Schreber-Album.* 1976, 12 Kaltnadelradierungen je 10 x 7 cm. Abgedruckt ist die Radierung N° 9, auf die W. G. Sebald sich bezieht (die Spinne ist in Wirklichkeit ein Hummer). Die Ausstellung zeigt das gesamte Album.

S. 11: Jan Peter Tripp: *Ich, im August.* 1977, Kaltnadel & Aquatinta, 34,5 x 27 cm. Einen Ausschnitt dieses Selbstportraits – das Augenpaar – verwendet Sebald zu Beginn des Romans *Austerlitz.* Augenpaare prägen auch die postum veröffentlichte Gemeinschaftsarbeit *»Unerzählt«* – 33 Kurztexte von W. G. Sebald und 33 Radierungen von Jan Peter Tripp. *»Unerzählt«* war 2002 als Ausstellung im Literaturhaus Stuttgart zu sehen und erschien 2003 im Carl Hanser Verlag.

S. 12: Artikel aus der Stuttgarter Zeitung vom 30. 3. 1946. Stadtarchiv Stuttgart.

S. 13: Extraausgabe von *Ojf der fraj (Free Again),* herausgegeben vom ›Zentrum der befreiten Juden in Stuttgart‹, mit Darstellung der Razzia aus Sicht des Lagerkomitees und Portrait des erschossenen Zsmulek Danziger. Aus: Susanne Dietrich/Julia Schulze Wessel: *Zwischen Selbstorganisation und Stigmatisierung. Die Lebenswirklichkeit jüdischer Displaced Persons und die neue Gestalt des Antisemitismus in der deutschen Nachkriegsgesellschaft.* Hg. v. Roland Müller. Stuttgart: Klett-Cotta 1998, S. 202. Dank an die Israelitische Religionsgemeinschaft Württemberg.

S. 14/15: Zweisprachiger Bericht des Oberbürgermeisters an die amerikanische Militärregierung vom 1. April 1946. Darin: Abschnitt *Polizei* aus dem ›Tätigkeitsbericht der Stadtverwaltung für die Zeit vom 25.-30. 3. 1946‹. In der Ausstellung sind überdies Teile des noch ausführlicheren Situationsberichts Nr. 21 zu sehen, den der ›Chef der deutschen Polizei der Stadt Stuttgart‹, ebenfalls am 1. April 1946, an die ›Dienststelle des CIC Stuttgart‹ schrieb.

S. 16: S-Bahn-Station *Feuersee.* © die arge lola.

S. 17: 1) Der Blick von der Neuen Weinsteige auf Stuttgart im Feuersturm am 26. Juli 1944. Stadtarchiv Stuttgart. © Familie Breuer, Stuttgart-Degerloch. Die Ausstellung zeigt außerdem ein farbiges Wasserfarbenbild vom Brand des Stuttgarter Hauptbahnhofs. Dieses entstand am 22. November 1942 um 23.30 Uhr, als der vierzehnjährige Schüler

Hermann Burkhardt vom Dach des Hauses Kriegsbergstraße 29 aus den Bahnhofsbrand beobachtete.

S. 17:  2) Daimler-Standort Stuttgart-Möhringen, Konzernzentrale von 1990-2006. © Graffiti, Joachim E. Röttgers.

S. 17:  3) Beverly-Hills/Hollywood. *Pedestrians and Expensive Automobiles on Rodeo Drive.* © Corbis.

S. 17:  4) Sudan. © Agentur Zeitenspiegel, Christoph Püschner.

S. 18:  Carl Gauger: *Rath- und Kaufhaus der ersten Residenzstadt Stuttgart.* 1815, kolorierter Kupferstich, 21 x 27,5 cm. Stadtarchiv Stuttgart.

S. 19:  Aus: Friedrich Hölderlin: *Stuttgart.* Mit Anstreichungen von W.G. Sebald. Friedrich Hölderlin: *Werke und Briefe.* Hg. v. Friedrich Beißner u. Jochen Schmidt, Frankfurt/M.: Insel 1969, Bd. 1 (*Gedichte/ Hyperion*), S. 113. W.G. Sebald -Nachlass im Deutschen Literaturarchiv Marbach.

S. 21:  Aus: *Hölderlin. Eine Chronik in Text und Bild.* Hg. v. Adolf Beck u. Paul Raabe, Frankfurt/M.: Insel 1970, S. 63. Anstreichungen und gepresste Blumen von W.G. Sebald. Die Anstreichungen ziehen sich durch den gesamten Textteil und betreffen insbesondere die in der Rede wiedergegebenen Lebensabschnitte Hölderlins. W.G. Sebald - Nachlass im Deutschen Literaturarchiv Marbach.

S. 22:  1) Aus: Brief von Michèle Baudry an W.G. Sebald, 3. März 1995. W.G. Sebald -Nachlass im Deutschen Literaturarchiv Marbach. Dank an Michèle Baudry.

S. 22:  2) Seefelder-Haus. Sebald verwendet einen Ausschnitt der Abbildung in seinem Buch *Schwindel. Gefühle.* W.G. Sebald -Nachlass im Deutschen Literaturarchiv Marbach. Dank an Ellen Strittmatter.

S. 23 :  1) Abbildung aus dem Musée de la résistance et de la déportation de Tulle. Dank an Bruno Lédée. Bruno Kartheuser in seinem Buch *Die Erhängungen von Tulle. Der 9. Juni 1944* (Edition Krautgarten 2004), dritter Band der vierbändigen Untersuchung *Walter, SD in Tulle*, beschreibt das Bild als »Skizze von den Erhängungen, angefertigt auf der Grundlage einer Postkartenansicht von einem anonymen SS-Mann« (S. 480).

S. 23:  2) Das Buch von Adam Nossiter, *The Algeria Hotel. France, Memory and the Second World War* (New York: Houghton Mifflin 2001), ist Teil des W. G. Sebald -Nachlasses im Deutschen Literaturarchiv Marbach. Im dritten Teil des Buches, *Tulle: Living Memory*, finden sich zahlreiche Anstreichungen von W. G. Sebald. Die hier abgedruckte Passage mit Sebalds Zusatz stammt von S. 260.

S. 24:  Aus: Friedrich Hölderlin: *Elegie*. Mit Anstreichungen von W.G. Sebald. Friedrich Hölderlin: *Werke und Briefe*. Hg. v. Friedrich Beißner u. Jochen Schmidt, Frankfurt/M.: Insel 1969, Bd. 1 (*Gedichte/Hyperion*), S. 100f. W. G. Sebald -Nachlass im Deutschen Literaturarchiv Marbach.

S. 25:  1) Schluss der für den mündlichen Vortrag überarbeiteten Fassung. W. G. Sebald -Nachlass des Deutschen Literaturarchivs Marbach.

S. 25:  2) W. G. Sebald während seiner Rede am 17. November 2001 in der Alten Reithalle. © Heiner Wittmann.

Vorsatzblatt hinten:
Erste Seite der für den mündlichen Vortrag überarbeiteten Fassung. W. G. Sebald -Nachlass des Deutschen Literaturarchivs Marbach.

Beilage:
Nachdruck von *Der Wecker*, Schülerzeitschrift der Oberstdorfer Oberrealschule, Ausgabe 4/1962. Die 16 abgedruckten Seiten (von insgesamt 56 Seiten) umfassen den Umschlag mit Innen- und Außenseiten, die Begrüßung (S. 3) mit einer Zeichnung von Jan Peter Tripp (›PIT‹), zwei von Jan Peter Tripp gestaltete Werbeseiten (S. 11 und 12) sowie drei von Winfried Sebald (›Wise‹) verfasste Beiträge: im Teil ›Politik‹ eine Betrachtung zum Algerienkrieg (S. 9/10), im ›Feuilleton‹ Überlegungen zu Albert Camus (26-29), illustriert von Jan Peter Tripp, sowie die Erzählung *An einem Sommertag* (S. 35-37), wiederum mit Illustrationen von Jan Peter Tripp. Bei der Prämierung der besten Schülerzeitungen Bayerns 1962 durch die Landesregierung wurde *Der Wecker* 4/1962 mit dem zweiten Preis bedacht. Der ›Geschäftsredakteur‹ Rainer Galaske und der ›Schriftredakteur‹ Winfried Sebald nahmen die Auszeichnung 1963 in München entgegen. Dank an Willhelm Geierstanger und Rainer Galaske.

Erschienen zur Eröffnung der Ausstellung »W.G.Sebald – Zerstreute
Reminiszenzen« am 22. September 2008 im Literaturhaus Stuttgart.

Die Rede »Zerstreute Reminiszenzen« ist unter dem Titel »Ein
Versuch der Restitution« erschienen in: W.G. Sebald, *Campo Santo*,
herausgegeben von Sven Meyer. © The Estate of W.G.Sebald 2003.
© Carl Hanser Verlag München 2003.

Für die technische Hilfe bei der Herstellung der elektronischen Druck-
vorlage dankt der Verlag ausdrücklich Gerd Schroff.

Die vorliegende Publikation enthält 2 Beilagen: Postkarte Stuttgart. /
»Der Wecker«.

Auflage 800. September 2008
Gesetzt, gedruckt und gebunden
in den Werkstätten des Verlags
ISBN 978-3-938743-63-8
Rechte für diese Ausgabe beim Herausgeber
und beim Verlag

Verlag Ulrich Keicher
Warmbronn

Ich sehe uns noch in der Vorweihnachtszeit des
neunundvierziger Jahrs in unserer Stube über
dem Engelwirt in Wertach sitzen. Die Schwester ist damals acht, ich selber bin fünf gewesen, und beide hatten wir uns noch nicht recht
an den Vater gewöhnt, der seit seiner Rückkehr
aus der französischen Kriegsgefangenschaft im
Februar 1947 wochentags in der Kreisstadt Sonthofen als Angestellter (wie er sich ausdrückte) beschäftigt und immer nur von Samstag- bis
Sonntagmittag zuhause war. Vor uns auf dem
Stubentisch aufgeschlagen lag der neue Quelle-
katalog, der erste, den ich zu Gesicht bekommen hatte, mit seinem mir märchenhaft erscheinenden Warenangebot, aus dem dann im Verlauf
des Abends und nach längeren Diskussionen, in
denen der Vater seinen Vernunftstandpunkt durchsetzte, für die Kinder je ein paar Kamelhaarhausschuhe mit Blechschnallen ausgesucht wurde.
Reissverschlüsse waren, glaube ich, zu jener
Zeit noch ziemlich rar. Immerhin wurde als Zugabe zu den Kamelhaarhausschuhen ein sogenann-
tes Städtequartett bestellt, mit dem wir dann
die Wintermonate hindurch oft gespielt haben,
sei es, wenn der Vater zuhause war, sei es mit
einem anderen Gast. Hast du Oldenburg, hast
du Wuppertal oder hast du ~~Worms~~, haben wir et- Speyer,
wa gefragt, und an solchen Namen, die ich noch
nie gehört hatte zuvor, habe ich lesen gelernt.
Ich entsinne mich, dass ich mir unter diesen

Restitution

Wiederherstellung: die Idee der Rettung des
Toten als der Restitution des entstellten
Lebens

Form der Regeneration von auf normale
Art u. Wein verlorengegangenen Teilen eines
Organismus ( z.B. Eiweiß, Haare)

Ein durch die autobiografischen Er-
fahrungen motivierter Liebesdienst,
nämlich das ethische Projekt einer
Restitution von Unrecht durch die
emphatische Rekonstruktion beschädigt
Lebensläufe
(s. Sontag zu "die Ausgewanderten")

der wecker

| | |
|---|---|
| Redaktion: | rainer galaske (Geschäftsred.)<br>winfried sebald (Schriftred.)<br>claus-peter horle (Graphik)<br>jan-peter tripp (Graphik) |
| Mitarbeiter: | helmut nitsch<br>ilse hofmann<br>bernd mitzscherling<br>karl-heinz schmidt<br>walter kalhammer<br>helmut bunk<br>jochem meyer-falk |
| Beratender Lehrer: | std. prof. Glocker |
| Konto: | kreissparkasse sonthofen<br>oberstdorf 6544 |
| Techn. Ausführung: | mikrokopie gmbh. |

**Titelphoto:Tripp**

Noch ein paar Tage,dann ist das
Schuljahr vorbei.Wenn die Ferien
beginnen haben wir alle etwas vor.

Vielleicht gehen wir zuerst auf
den Bau und machen dann eine
Fahrt in den Süden.Möglichst weit
natürlich,mit viel Sonne und
großen Erlebnissen....

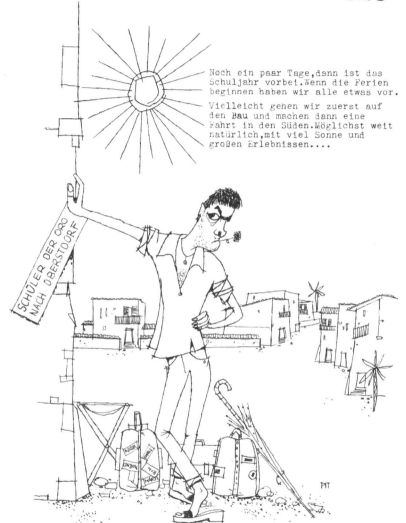

# L'ALGÉRIE

## eine betrachtung

Algerien, blutrote Blüte Frankreichs, im Abenteuer erobert, im Zufall der politischen Deportationen des 19. Jahrhunderts bevölkert, hat eine eigenartige Rasse herangebildet, die sich heute inmitten von zwölf Millionen eingeborenen Arabern schmerzlich in der Minderheit fühlt. Algerien ist Europa außerhalb von Europa, ein aus dem wohlgeordneten Sechseck des Mutterlandes herausgebrochenes Frankreich, gleichsam ein Stück eines Puzzles, das sich nicht mehr einordnen lassen will.Dort findet sich alles bunt zusammengewürfelt: Nachkommen der Revolutionäre von 1848 und der Kommunekämpfer, Spanier, Italiener, Malteser, Juden. Sie alle sind Franzosen, sei es durch Geburt, sei es durch Erlaß oder durch Einbürgerung; sie alle wollen Franzosen sein und bleiben, nichts aufgeben, auf nichts verzichten, und so nähren sie sich seit acht Jahren von den Früchten des Zorns, in Blut und Tragödie lebend, vielleicht zum Tode verurteilt.

(M. Lebesque 1960)

Sie nähren sich von den Früchten des Zorns, seit die Geschichte einen Schritt weitergegangen ist, seit die Vernünftigen mit Willen, die Unvernünftigen wider Willen begonnen haben, den Forderungen der neuen Zeit Rechnung zu tragen. Ein Krieg hat seitdem begonnen, "la guerre salle", ein Krieg der uns von 200 000 Toten berichtet und der nun zu seinem notwendigen Ende gekommen ist. Acht Jahre hat es gewährt bis Zeit und Geschichte ihren sicheren Sieg errangen.

Und nun bäumen sich Menschen dagegen auf, weil sie glauben, die Menschlichkeit könne nicht gegen die Gewohnheit, gegen das eroberte Recht unmenschlich sein.Sie greifen verzweifelt in das sich stetig drehende Rad der Geschichte und brechen sich dabei Arme und Beine, sie verlieren die Orientierung durch das gleichmäßige Kreisen des Rades und jeden Sinn für die Vernunft.

Und andere Menschen sitzen an dem Schachbrett ihres Egoismus und rechnen und exer-

zieren mit der Blindheit und
dem Fanatismus dieser verzwei-
felten, um ihr Prestige, ihren
Besitz und ihre Welt die noch
aus der alten Zeit stammen,
in die neue Zeit hinüberzu-
retten. Das sind die wenigen
die auf die Unvernunft der
vielen mit Berechnung setzen
und hoffen. Sie werden hoffen
bis sie endgültig von dem Ge-
wicht der Tatsachen erdrückt
werden, bis ihnen der uner-
bittliche Griff der Zeit die
Luft nimmt und somit ihren
Willen und ihr Streben als
Anachronismus entlarvt und

zur Lüge stempelt. Denn ein
anachronistisches Leben ist
Lüge.

Ein Volk steht am Beginn seiner Freiheit, am Beginn neuer
Geschichte, am Beginn seiner
selbst, Es hat Tränen, Blut,
Besitz, Selbstsucht und Menschen geopfert - und nun ist
Algerien frei. Für viele ein
todbringendes Gespenst - für
sehr viele Erfüllung und Be-
lohnung, Aufgabe und Pflicht
in einem.

Wise

Ich für meine Person bleibe bei

# WEITNAUER BIER

„Mein ganzes Reich
ist von dieser Welt"

( NOCES )

Camus

Albert Camus wird in einem Land geboren, "in dem man in zehn Jahren die Erfahrung eines Menschenlebens erschöpft, wo alles gegeben wird um wieder genommen zu werden", in einem Land zwischen Sahara und See, in Algerien. Hier beginnt er zu leben, zu denken, sich zu orientieren. Hier beginnt er seinem Werk den Umriß zu geben, seinen Weg festzulegen, der von Meer und Elend, Sonne und Tod, Geschichte und Ewigkeit, Schönheit und Erniedrigung begrenzt ist. Innerhalb dieser groben Umrisse findet er sich allein und seine Welt, seine Welt ohne Gott, an den er nicht glauben kann, weil er das Elend zu gut kennt, über dem dieser Gott schweigt. Innerhalb dieser Umrisse wird er zu jenem religiösen Atheisten, von dem einer seiner Freunde schreibt, daß er "zugleich voll und ganz in seiner vergänglichen Zeit lebt und in allen anderen Zeiten, daß er das Ewige ausdrückt und doch von Tag zu Tag an der Geschichte mitwirkt", zu jenem religiösen Atheisten, der ruft: "Das Elend hindert mich daran zu glauben, daß alles unter der Sonne und in der Geschichte gut sei; die Sonne lehrte mich, daß die Geschichte nicht alles ist.

Camus wird aus Algerien ausgewiesen, er war damals Journalist, und man konnte in der Kolonie niemanden gebrauchen, dem die Gerechtigkeit mehr war als der Besitz. Er geht nach Paris, arbeitet als Redakteur und zieht sich als der Einmarsch der Deutschen bevorsteht nach Clermont-Ferrand zurück. Bei sich trägt er das kurz zuvor vollendete Manuskript seines ersten großen Werkes "L'Etranger", der Fremde in dieser Welt. Der Abwesende,

der abwesend einen Mord begeht, weil es ihm gleich ist; der sich der "zärtlichen Gleichgültigkeit der Welt hingibt", und mit seinem Motiv "mir ist alles gleich" gegen die Flachheit sturmläuft. Camus gibt hier ein Zeugnis von sich selbst, indem er seinen weltfremd Abwesenden erzählen läßt: "Die Journalisten hatten schon die Füllhalter gezückt. Sie machten alle das gleiche gelangweilte, etwas hochnäsige Gesicht. Nur einer der viel jünger war als die anderen und einen grauen Flanellanzug und eine blaue Krawatte trug, hatte seinen Halter auf dem Tisch liegen lassen und sah mich an. In seinem etwas unregelmäßigen Gesicht sah ich nur zwei helle Augen, die mich aufmerksam musterten, ohne etwas bestimmtes zu verraten. Ich hatte den seltsamen Eindruck, als würde ich von mir selbst gemustert."

Alle Werke dieser Epoche sind durchdrungen vom Absurden, vom Unbegreiflichen. Gestalten wie Caligula oder Sisyphus machen es klar. Vom Absurden sagt Camus selbst, daß es seine erste Wahrheit sei; und er erklärte es: "Es ist die Dichte und die Seltsamkeit der Welt, es ist die Sünde ohne Gott." "So sieht Camus auf der einen Seite das Absurde im Ausdruck der Geschichte unseres Jahrhunderts und auf der anderen Seite der Mensch, der ihm ruhig die Stirn bietet."

Diesem Absurden bietet Camus selbst die Stirn, indem er beginnt aktiv an der Resistance teilzunehmen, und sich selbst mit seiner Arbeit in der Gruppe "Combat" treu bleibt.

Sinn, Wille, Freiheit und Zwang zum Widerstand schildert er 1947 in der Allegorie "die Pest". Er schöpft hier fast ausschließlich aus seiner eigenen Person, und er selbst ist der Hauptdarsteller dieses Werkes, indem eine Person durch vier andere verkörpert wird. Einen Arzt, Rieux, der sich in seinem Kampf gegen den Tod "auflehnt gegen die Ungerechtigkeit einer Welt, deren Schöpfer abwesend ist," und der sich mit Tarrou der zweiten Figur in echter männlicher Freundschaft findet, mit Tarrou, dessen einziges Problem die Frage ist: "Kann man ohne Gott ein Heiliger werden?" Schließlich Grand ein kleiner Büroangestellter der die einfache Wahrheit in dem Satz ausdrückt: "Da ist die Pest, man muß sich wehren, das ist klar. Ach, wenn doch alles so einfach wäre." Die vierte Gestalt, Rambert, ein Journalist, versinnbildlicht das elementare Streben nach Glück und Freiheit. Diese vier Zentralfiguren ergeben ein fertiges, feingezeichnetes Porträt Camus', der sich gegen jene stellt, die sich im seichten Wasser und im grauen Licht der Pest zuhaus fühlen; zuerst ein gewisser Cottard, der in der Anarchie der Pest sich selbst verbergen kann, und dann ein Jesuitenpater, Paneloux, der alles mit Hilfe seiner dürren religiösen Dialektik zu erklären versucht, dem die Pest ein Zeichen göttlicher Gerechtigkeit und Vergeltung ist, der aber dann doch Angesicht zu Angesicht mit dem furchtbaren, schmerzlichen Tod eines Kindes etwas zu ahnen beginnt.

"Paneloux schaute diesen von Krankheit beschmutzten und vom Schrei aller Zeiten erfüllten Kindermund an. Und er ließ sich auf die Knie gleiten und alle fanden es natürlich, als sie ihn mit erstickter, aber trotz der namenlosen, unaufhörlichen Klage deutlicher Stimme sagen hörten:"Mein Gott, rette dieses Kind." Rieux schreit ihm entgegen: "Ah! der wenigstens war unschuldig. Das wissen Sie wohl!"

Paneloux beginnt zu begreifen, aber noch antwortet sein dialektisches Gewissen: "Die Gnade erlaubt zu lieben, was wir nicht verstehen."

Die Resistance siegt und Camus rückt diesen Sieg und jeden Sieg in ein erschütterndes Licht. Man wird niemals mehr restlos glücklich sein können, nachdem man die erbärmliche Niederlage erlebt hat, die dem Sieg folgt - nachdem man erlebt hat, daß keine nochsogroße Erfahrung der Alltäglichkeit wird aufhalten können, und daß "Arbeit, Liebe, Kartenspiel und Klatsch ohne die geringste Ahnung von etwas anderem" die eigentlichen Sieger sind.

Camus hat hier das tragische Bild eines Widerstandes entworfen, um dessen Nutzlosigkeit man weiß, und dem man sich doch nicht entziehen kann.

Das letzte große Prosawerk, "Der Fall", erscheint 1956, und hier raubt uns Camus alle Illusionen und zeichnet ein Bild Hoffnungslosigkeit. Ein erfolgreicher Pariser Rechtsanwalt entdeckt eines Tages an sich selbst und damit an all seinen Mitmenschen eine selbstgefällige, abgrundtiefe

Verlogenheit. "Wenn ich mich von einem Blinden trennte, den ich auf die andere Straßenseite geleitet hatte, lüftete ich den Hut. Dieser Gruß galt natürlich nicht ihm, er konnte ihn ja nicht sehen. Wem also galt er dann? Dem Publikum. Nach der Vorstellung die Verbeugung. Nicht übel wie? Der Rechtsanwalt ändert seinen Namen, er nennt sich Johannes Clamans, den klagenden Propheten der Schuldigkeit aller Menschen.Selbst "jenen Jesus" bezieht er mit ein, "der bestimmt von einem gewissen Mord unschuldiger Kinder gehört hatte. Die Kinder Judäas, die hingemetzelt wurden, während seine Eltern ihn in Sicherheit brachten - warum waren sie gestorben, wenn nicht für ihn?" Clamans verklagt alle, die sich vor seinem Gericht einfinden, das er in einer Bar in Amsterdam, inmitten von Nebel und Dunst, von Zuhältern und Ganoven aufgeschlagen hat. "Alle schuldig" heißt sein Spruch den er mit Caligula gemeinsam hat.

"Alle schuldig", das ist das Schlagwort jenes Pessimismus, den Camus dadurch konstruktiv macht, daß er sagt: "Wenn die conditio humana ungerecht ist, hat man nur eine Möglichkeit sie zu überwinden, indem man selbst gerecht ist.".

Wise

# An einem Sommertag

Hans Roy war damals vielleicht zehn Jahre und
es war Sommer. Er und ein paar andere Jungens
zwängten sich grade durch das Weißdorngestrüpp
am Damm, wo es dann auf die offene Wiese an der
flachen Uferbank runtergeht. Das Wasser fließt
dort ruhig und schnell um die Biegung, und es
ist immer kühl dort.

Hans Roy stieß den Jungen der die Köder trug.
"Du Philipp ist da."
"Wo?"
"Na dort an der Weide."
"Wenn schon", sagte der Junge, der die Köder
trug, "der fängt ja doch nichts, seine Fliege
hängt ja schon wieder 'nen halben Meter unterm
Wasser."

Langsam schlenderten sie auf Philipp zu. Sein
eines Bein hing übers Ufer runter, das andere
hatte er angewinkelt. Er schaute die Jungen
an, die auf ihn zuschlenderten.
"Tag".
"Tag Philipp", sagte Hans Roy, "hast du Lust
mitzugehen, wir fischen weiter oben. Hier
fängst du so nichts. Nachher gehen wir zu
Willer rüber und binden seinem Hund 'ne Büchse an Schwanz, weil er gestern die Hosen von
Bum zerrissen hat." - "Ich glaub' ich bleib
lieber hier", antwortete Philipp, "es ist ganz
richtig hier für mich."

Du fängst hier bestimmt nichts", sagte der
Junge, der die Köder trug, "aber tu doch wenigstens deine Fliege aufs Wasser, sonst haltens
die Fische noch für'n Wurm". - "Mir kommt's
nicht drauf an", sagte ihm Philipp und zog
etwas an seiner Angel.

"Geh'n wir weiter", schlug einer vor, "der
spinnt sowieso". Sie drückten sich wieder

durch den Weißdorn auf den Damm hinaus.
Philipp blieb zurück, seine Fliege ließ er
unterm Wasser.
"Der spinnt bestimmt", sagte der eine noch-
mal, während er auf dem Damm auf die andern
wartete.
"Ich weiß nicht", sagte Hans Roy.
"Und doch spinnt er".
"Na schön spinnt er halt - komm los gehn wir."
Sie fischten ein Stück oben am Fluß, fingen
einiges und wickelten die Forellen in große
Blätter. Bei der Brücke, kurz nachdem der
Fluß seinen zweiten Bogen vor dem Dorf macht,
gingen sie dann rüber zu Willer. Dem Hund wurde die Büchse an den Schwanz gebunden, und er
ist wie toll rumgerast. Hans Roy schaute dann,
daß er nach Hause kam, weil ein Gewitter begann, das er schon längst gespürt hatte. Es war
eins von den richtigen Sommergewittern. Es fraß
den Staub und als alles naß war, gab es Blasen
auf der Straße,und die ganze graue Brühe gurgel-
te durch die runde Abwasserrinne vor dem Haus.
Ein paar Heuhalme schwammen drin. Als dann die
Sonne rauskam glänzte alles.

Es war schon so gegen Abend und Hans ging noch-
mal weg. Er nahm den Hund mit. Sie liefen den
kleinen Buckel rauf, wo die alten Leute immer
spazierengehen und wo ganz oben die kleine Kapelle ist, mit der Inschrift über der Tür:
"Unseren Helden." Links davon 1914 und rechts
1918. Als Hans Roy bei der letzten Wegbiegung
war, pfiff er dem Hund und spuckte ein paar
Sonnenblumenkerne in die Luft. Auf der Treppe
vor dem Eingang der Kapelle saß Philipp. Hans
setzte sich neben ihn.
"Willst du ein paar Kerne", fragte er, obwohl
er genau wußte, daß Philipp keine wollte.
Es war so ein richtiger Abend. Es war sehr
ruhig und man hörte das leise Geräusch des
fallenden Wassers, das noch vom Gewitter her
auf den Bäumen war. Die Sonne ging grad drü-
ben hinter den Bergen weg.
"Gehst du morgen mit zum Weiher, nach Karpfen
sehn", fragte Hans Roy.
"Vielleicht", antwortete Philipp, "aber eigent-
lich liegt mir nichts mehr dran".
"Was heißt, mir liegt nichts mehr dran?"
"Ich habe Leukämie."
"Und was ist das", Hans Roy sah zu seinem Hund
hin und spuckte den Kern in einem schönen Bogen.

"Man stirbt davon", sagte Philipp, "und es
geht ziemlich schnell, ein Jahr vielleicht!"
Hans Roy sagte nichts, er schaute nur zu Philipp
hin, der den letzten Seglern zusah, wie sie übers
Dach von seinem Haus sausten. Zu seinem Hund,der
vor ihm lag sagte er:
"Hau ab".

Es begann kühl zu werden, und der Himmel wurde
von ganz langen Wolken geteilt und Philipp sagte: "Weißt du, ich glaube, ich hätt noch gerne
gelebt".

                                            Wise

Homer berichtet in der Odyssee:

„. . . und war von Durst gepeinigt,
mitten in einem Meer."

Homer kannte eben
„Coca-Cola" noch nicht.

Heute braucht keiner
mehr Durst zu leiden.
Sprudelndes „Coca-Cola"
bekommen Sie überall,
schon an der nächsten Ecke.

**Mach mal Pause . .**

TRINK
*Coca-Cola*
SCHUTZMARKE

Normal-  Familien-
flasche   flasche

**. . . das erfrischt richtig**

„Coca-Cola" ist das Warenzeichen für das unnachahmliche
koffeinhaltige Erfrischungsgetränk der Coca-Cola G. m. b. H.